보랏빛 트럼펫

이현자 제2시집

문학공원 시선 247

보랏빛 트럼펫

이현자 제2시집

내년 초여름 동천 밝아올 때
트럼펫 불어보소
한 옥타브 낮추어 조용조용히

문학공원

자서

햇빛은
곧장 갈 수 있는 길을 버리고
가시나무 우거진 숲을 지나 돌아가고 있지만
후회하지 않는다
거기에는 언제나 강직함을 지니면서
부드러움도 배우려 노력하는 바위
네가 있기 때문이다

2024년 봄

이 현 자

차 례

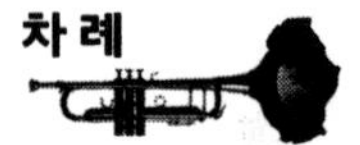

제1부
보랏빛 트럼펫

제2부

간이역

제3부
만강

제4부

뒤웅박

차 례

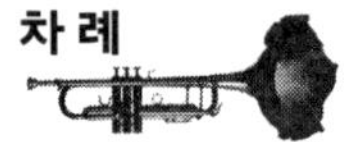

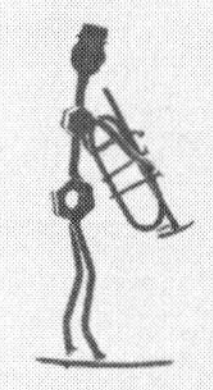

제1부
보랏빛 트럼펫

체크무늬

찰랑대는 묶음머리 궁금 다섯 살
아침부터 따라간다 졸라대더니
캥거루 걸음으로 앞질러간다
솔밭 지나 다리건너 처음 가는 읍내장터

어린 천사 날개옷 행거마다 빛나고
신발가게 아저씨 마이크 잡고 춤을 춘다
골라골라 골라놓으면 반값에 드립니다
운동화 두 켤레 망설이다가
분홍색 한 켤레 찜을 해 본다

쿠, 큰일 났다 동그라니 토끼 눈
두리번 두리번 터져버린 울음보
쌀가게 아주머니 뭐라고 말하는데
그릇가게 아주머니 생강과자 주는데
뿌리치고 돌아 나와 다시 골라 골목으로

붐비는 사람들 틈에
저만큼 멈춰있는
반가운 치맛자락
붙잡혀주는 갈색 체크무늬

미꾸리

미꾸리 운동장은
천천히 흐르는 개울이나
연못 논 같은 잔잔한 물이다
누구든 맨손으로
쉽게 붙잡을 수는 없어

꼬리지느러미 옆에
검고 짙은 점 하나
미꾸리 조상이
꾹, 찍어놓은 징표이다

똑똑한 후손임을
증명해야 한다고
혹시 누가 이산가족이 될지라도
반드시 찾아낼 수 있어야 한다고

점잖게 보이라
수염까지 달아줬는데
미안하지만
어차피 너의 이름은 미꾸리

송사리

맑은 시냇물
살금살금 들어간다
바짓가랑이 둥둥 걷어 올리고
고무신 들고

가만히 들여다본다
송사리 떼
송사리가 되어
송사리 마음이 되어

물속으로 신을 넣는다
살며시
호기심 가득한 놈은
들어올 수도 있어

한 마리
풀섶 요리조리 살피다가 속 들어간다
다시 나온다
멋진 하얀 고무신 속에도
들어가 볼까 싶은가보다

가끔 보이던
이상하게 생긴 짐승
네가 왔구나
그건 또 왜, 가지고 왔어
우리들을 붙잡아봤자
다시 놓아줄 거면서

동백이 왔어요

친구에게 손목 잡혀 따라나섰습니다
어디를 가느냐 묻지도 못하고
다홍 저고리 덧걸치고 허둥지둥
그냥 따라 나섰습니다

떨고 있잖아
아직은 이렇게 혹독한 날씨인데
여기는 어디일까
철딱서니도 없다

달처럼 구름처럼 앞서거니 뒤서거니
사잇길로 슬쩍 빠져버렸습니다
바람, 지금은 혼자인 것 알고 있겠지요
손을 놓지 말 걸 후회하려나

도란도란 이야기하며 왔다하여도
잠시 눈길 한 번 돌렸다하면
무슨 수를 쓰더라도 숨어들었을 것입니다
대한민국 한려수도 이리 고운데

4월

단단히 삐쳐서 갔나보다
다시는 나타나지 않을 수도 있어

지난해 배꽃 조팝나무꽃
온 동네 환하게 밝혀 줄 때
몇 날 며칠 우리 집 등불 켜지 말 걸
아예 그리로 가서 먹고 잘 걸
곱으로 후회하고 있던 날

노여움 풀렸던가
문득, 피식 웃으면서 돌아온 4월
둥실 날아올랐다가 사뿐히 내린다
산노루 형제 덩달아 더욱 높이 껑충

산자고 비비추 개별꽃 아네모네
꽃봉오리 만들어 붙이는 소리
봉오리 터트리는 소리
서영이
책가방 메고 스텝 밟으면서 오는 소리

화신처럼

무악재 도로변 늘어선 벚나무
꽃들 이미 다 떨어져 날아가고
질긴 목숨 몇 점만 남아있구나
허전한 마음
전번 클릭 친구에게 하소연하네

며칠이 지났을까
우연히 다시 찾은 이곳
날아갔던 꽃들
모두 환생하여 돌아와 있지 않겠습니까
볼터치 분홍립스틱 곱게 단장하고
내려다보고 있지 않겠습니까
마치 화신처럼

친구 전번 다시 날려대지요
나는 바보예요 바보예요
봉오리 속에 숨어 있는 꽃들을
멀쩡하고 싱싱하게 피어나는 꽃들을
뭐가 그리 급해서
다 떨어져 날아가 버리고 없다
신고했을까요

꽃들은 나를 속이고
얼마나 고소하다 했을까요
지금도 키득키득 웃어대고 있어요

꽃비

먼저 마중이라도 나가 볼 것을
바쁘다는 핑계로 머뭇거리다가 몰랐지
벚꽃 신호 보냈다는데
그것도 모르고 잠자코 있었지

아침 출근길 버스로 실려 가는데
멀리서 어찌 알고 달려 오는가
시대는 바야흐로 2023년
누가 먼저 마중한들 어떻겠냐며

천천히 걷는 퇴근길
가로등 밝혀놓고 두런거리는가 싶었는데
어느새 날 훔쳐보고 있었단 말인가
꽃비 하염없이 안단테 안단테 흩날리더니

머리에
한 송이 올려놓고
주머니에도 슬쩍
두 송이 넣어주었네여

에델바이스

이름은 꽃을 닮았다
바람 불어도 떨지 않으려
애쓰다 애쓰다가 어쩔 수 없이
조금은 떨고 있는 꽃

두 뺨엔 솜털이 보송
소녀티 묻어있지만
보기보다 참을성은
대단한 편이다

설악산 높은 곳 바위틈에서
루즈 살짝 찍은 듯 아니 찍은 듯
고운 미소 짓는 듯
에델바이스

하얀 향기, 오타가 아니다
진실로 하얀 향기 풍기는 꽃잎
멍때리게 하는 꽃잎
결국 취해버리게까지 하는 저 순수

하얀 배밭

해마다 이맘때 사월이 오면
베란다 저만큼에서
백설 쌓인 듯 나부끼는 넓은 벌
흙은 꿈꾸는 배꽃 피어나게 하는
기술이 있다

날마다 만보이상 걷는다는 것
한가한 이들의 먼 이야기라 믿었는데
틈만 나면 내려다보고 서 는 여자

벌판은
정신이상자 하나 만들어놓고
어떻게 하나 어떻게 하나
밤새 가슴앓이하고 있어도
새벽은 어김없이 밝아오더라고

기왕에 터트렸으니
우아하게 터트려야지
온몸으로 내밀면서 건들거린다
벌들이 저리도 웅웅거리는데

산돌배

거칠거칠 검초록 색깔이다
풋과일일 때는 딱딱한 질감
한 입 베어 물어봤자 시큼 떫은맛
도로 뱉을 수밖에

무심히 시간이 흐르고 나면
언제 그러했더냐는 식으로 성숙해간다
끝내 걸작품 완성해야 한다는 끈기 나로
고진감래苦盡甘來
그 향기 더욱 그윽해진다

외모만 슬쩍 보고 판단하지 말라
진가는 내면에 숨어있는 걸

아무 관심 없이 버려두었던 것이
농약 한 병 뿌리지 않고 내버려 두었던 것이
스스로 동글동글 커가던 놈이
보라는 듯 이름 높이 쳐들고 있다
산돌배

바늘꽃

특별한 꽃으로 낳게 해달라
어머니의 간곡한 기도 있어
바늘을 닮아 태어났을지도 모른다

외모야 어떻든
현실에 충실한 삶이
중요하지 않을까

누군가 나를 보고
성질께나 더럽게 생겼을 거라고
말한 적도 있긴 하지만

개성, 그런대로 괜찮은 단어라고
잠시 생각에 잠겨있었는데
나도 몰래 더욱더 길어져버렸구나

그래도
조금은 예쁜 구석이 있는 것 같아
자꾸자꾸 피워본다

개개비

기다리던 봄이 오면
따뜻한 봄이 오면
절대로
흔들리지 않을 것 같았는데

움츠리고 있기 때문에
동지섣달이기 때문에
흔들릴 수밖에 없다고 믿었는데

죽을힘을 다해서라면
못 이룰 게 없으리다
간이 탱탱 부어있을 때도 있었는데

아직도 5월의 갈대숲에서
내심 흔들리고 있는 것은
무엇 때문일까
무엇 때문일까

개개개

보랏빛 트럼펫

이리저리 꾸불꾸불
꾸부렁길 따라서 여기까지 왔구나
나팔꽃이여

돌담집 새카맣게 그을린 소녀
돌에 슥슥 날을 지워 유리 조각 하나로
갈색 태양 만들며 신선되어 놀았지

나비는 꽃이 되어 햇빛은 나비가 되어
조금이라도 더 놀다 가고 싶은데
바람은 살랑 불어 희롱하고 있구나

내 안에서 불어오는 나머지 바람
화살표처럼 뚜렷하게 알게 된 오후
자존심 안으로 밀어 넣고 무슨 생각에

내년 초여름 동천東天 밝아올 때
트럼펫 불어보소
한 옥타브 낮추어 조용조용히

새봄

해마다 봄이 오면 먼저 찾아가는 집
재봉틀 소리 통통통통 천리만리 달리는
언덕 밑에 작은 정순네 집이다

노루발, 밤낮으로 최선을 다하는데
내려다보면 언제나 그 자리
이슬 맺힌 눈빛으로 웃으며 뛴다

얼마나 많은 세월 굽이쳐 흘렀을까
여름서 겨울까지 푸르던 기와지붕
19K 개나리꽃 가지가지 드리웠다

정순네 어머니 어쩌다가 올 때는
손으로 무릎 짚고 절룩절룩 오더니
오늘은 허리 펴고 걸어서 온다

떨어지다

밤하늘 별똥별
선 하나 그려놓고 떨어지다

은행 떨어지다
못난이 모과 떨어지다
쓰고 지우고 다시 쓰면서
까맣게 늦은 밤 붙잡아보던 순간들

떨어지는 건
따뜻하다
고귀하다
반짝인다

모든 것 다 내어주고
속절없이 매달려 있는 밤송이
까칠하게 보이지만
홀씨처럼 편안하다

언젠가 내가 가야 하는 날
그때엔 말없이
훨훨 날아가는 연분홍 꽃잎이고 싶다
진분홍 복숭아 꽃잎이고 싶다

일요일 연못 풍경

꽃봉오리 세수시키려 왔다가
도리어 티끌이라도 묻을까
뒷걸음질치고 마는 저 물결
들새 한 자웅 연잎 은구슬에 넋 빠졌다

금빛 잉어 한 마리가 소리친다
친구들이여, 이건 떡 냄새가 아니란다
떡을 살짝 묻혀놓은 독약일 뿐이라고
동구밖에 서성거리는 그림자가 보이더라

아무리 배고파도 설치면 아니 된다
낮은 자세로 가만히 엎드려
플랑크톤이나 뜯으렴
그저 있는 둥 없는 둥

어떤 연잎들은
물 위에 드러누워 태평가를 부르고
어떤 연잎들은 일어서서
댄스로 흔들어댄다

연잎 은구슬

이리 갈까 저리 갈까
어디에 간다한들 기쁜 일만 있겠는가
있던 자리 그대로 가만히 있자구나

쳐다보면 불그스레 혈색 좋은 연꽃들
아름다운 자태도 며칠이면 끝이더라
부드러운 부들도 평화로운 곳
남들은 은구슬 원만하다 하는데

괜스레 먼 마을 동경하지 말자
궁금해하지도 말자

마음 잘 통하는 진실한 친구 하나
제 자리 어색하다 푸념 늘어놓다가
어느 날 홀연히
롤러스케이트 타고 떠나게 되었다 하여도

바람 불어 흔들리면 울렁증 오니
아무 일 저지르지 말고 가만히 있어야 해
동글동글 침착하게 가만히 있어야 해

수양버들

후덥지근하다 싶은 날이면
누군가 한아름 안고 나타나
가지런히 빗어놓은 머릿결
차르르 밀어 젖뜨리고 들어오다

그렇다고
고개 쳐들고 어깨에 힘주고
미루에게 어쩌고저쩌고 떠들어댈 수도 없는 일

이왕에 왔으니 편안하게 쉬어가라
한잠 푹 재우고 가라
햇살 내려와도 한쪽 눈 감고 있고
산들바람 불어와도 잠 깨우지 않는다

뜨르르르 맴 맴 맴 맴
어떤 놈은
유난히 우렁차게 매양 매양 매양

언젠가 말매미
목이 쉬도록 노래 불러야 하는 이유를
넌지시 전해준 적이 있다

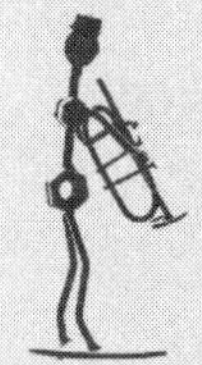

제2부
간이역

열차 무궁화호

경부선 무궁화호
다가서면 형제라도 만난 듯
반가운 기분
객실 걸이 못
가방 걸어주고 외투까지 받아준다
의자에 앉는다
절로 눈이 감긴다

조치원 조치원역입니다
커튼을 젖히고 건너다 본다

대전을 통과할 때
다시 커튼을 젖힌다
친구들은 다들 잘살고 있겠지

사랑하면 찾아가는 것
그리우면 만나는 것
조금 빠르게 간다고 뭐가 그리 좋을 것이며
조금 느리게 간다고 뭐가 그리 아니 될 것 있겠는가
느림의 미학에 대하여 꿰뚫고 있는 무궁화호는
나의 이상형이다

쾌청한 하늘
태양이 저만큼에서 내려다보고 있다
우리들의 발걸음에 맞춰
천천히 천천히 따라오고 있다

CCTV

지하철 6호선 객실 임산부석
40대 초반쯤 되어 보이는
조금은 덩치 큰 사내
삐딱하게 등 기대고 앉아있다
민무늬 회색 마름모꼴 마스크

마누라, 다이어트하다가 빼빼로 되고
대신 아기를 가졌다고
6개월 정도밖엔 되지 않았다고
일행인 듯한 남자와 나누고 있는 이야기

훑어보지 말라우
부릅뜬 눈으로 소리칠 것만 같은 예감
움찔 맞은편에 쭈그리고 앉아있는 나는
흔들거리는 손잡이만 응시하고 있다

그들, 공덕역에서 내리자
나는 왜 CCTV 찾고 있는가
후미진 곳 어디에선가
‘21세기 남자의 임신’
유심히 보고 있었을 것만 같은
연방 그를 클로즈업시키고 있었을 것만 같은

마스크를 착용하세요

버스 승차카드 찍을 때,
마스크를 착용하세요
지하철 환승카드 찍을 때,
마스크를 착용하세요
이미 하고 있는데도
네 개 다섯 개 덧씌워준다

다음 날 찍을 때도
중얼중얼 잔소리
그다음 날에도
이어지는 잔소리
영락없이 다섯 개 여섯 개
혹은 일곱 개

마스크 덕지덕지 포개어 쓰고
집으로 돌아오는 마을버스
버럭, 누군가의 화난 듯한 목소리
이제 좀 그만해라 시끄러워 죽겠다
어느 정도로 떠들어대야지
으이구 그 놈의 바이러스 바이러스

차이나폐렴19 바이러스
내가 먼저 백기 들고 쓰러질까 봐
네가 먼저 마스크 들고
바들바들 떨고 있는데
아무 말 못 하고 창밖을 본다

교차로

학교 선생님 말씀
길을 걸을 때에는
하늘을 바라보면서 걸어야 한다

울창한 산이 있고
오곡 영글어가는 들이 있고
스스로 아름다워지겠다는 꽃들도 있는데

어느 학교 교차로에서는
친구와 서로 울면서 헤어지고
몇 년이 지난 후에야
다시 함께 만나기도 하고

타이어가 펑크 났다 중얼거리면서
어디론가 가버린 친구
어떤 친구들은 또 다른 교차로에서
만나기도 한다

교차로는 꽉 막힌 도로를
뚫어주기도 하지만
어떤 친구들은 헤어지고 영영 굿 바이
교차로는 무정함이기도 하다

간이역

평화로운 마을
하루에 네 차례 들어와서
잠시 섰다가 가는 기차
탈 사람 타고 내릴 사람은 내리면 된다
여느 역이나 다른 점이라면
역무실이 쓸쓸하다

약속은 지키기 위해서 정해놓은 것
헐레벌떡 달려오는 기차
운전기사의 모습 단 한 번
가까이에서 본 적 없지만
오직 기차와는 정이 들었다

때로는 역에 머물렀을 때
유리창 너머 손님들 모습 설핏설핏 보인다
그들이 누구인지 알 수는 없어도
그저 멀리서 차를 향해
손을 흔들어댈 뿐이다

새삼 물어볼 것 없고
설명할 문제도 없다
한마디 말이 없이도 통할 수 있는
순하디순한 열차

첫눈이 내리는 날에도
야생화 지천으로 피어있는 날에도
저녁노을 고운 날에도
잠시 머물렀다가 슬며시 떠나야 하는 운명이다

부드러운 모래를 깔고

진종일
장대비 오락가락 한다 하여도
흙탕물 함부로
스며들지 못하게 할 것입니다
땅속 깊은 곳에서 솟아오르는
오직 순수함으로 가득하게 할 것입니다

태풍 몰아친다 하여도
덩달아 흔들리지 않으렵니다
그대 슬며시 바가지 드리우면
그때에는 사뿐히 다가가겠습니다

여유 있으면
낮은 자리 선택한 밭이나 논으로
남김없이 다 내려주고 싶습니다
곡식은 떠날 때
인간들에게
자신의 모든 것 다 주고 가는데

사철 변함없는 체온으로
마음 깊은 곳에 부드러운 모래를 깔고
사랑에 빠져버린 가재 한 자웅
영원히 품고 있으렵니다

외나무다리

가끔은 건너게 되었던
통나무 양쪽 밀어낸 듯한
외나무다리

밑으로 내려다보면 안 된다
아무렇지도 않은 척
자연스럽게 건너가야 한다
금모래 맑은 물 반짝거리고

어디쯤에선가 기우뚱
다행이다 싶었을 때
킬킬 웃으면서 달려오던 바람
어깨 슬쩍 밀고 간다
아찔하던 순간
또 한 번 기우뚱

요즈음은 보이지 않는
추억의 외나무다리에서 만났던
원수
그놈의 원수

유턴

같이 가는 손님 목적지가 다른 방향일 때
치매 노인이 자신의 집을 잊어버렸다고 할 때
빙빙 돌아가야 할 때가 있다

되돌아가야 할 때도 있다
깜박 잊고 두고 온 물건이 있을 때
다시 가지 않으면 안 되는
전화라도 받았을 때

어쩔 수가 없다
유턴을 해야 할 수밖에
그래야만 그날의 숙제를
풀 수 있기 때문이다

U는 원만함이다
기다림이다
반드시 해야 하는 책임감이다

엘리베이터

층을 향하여 스위치를 누른다
문이 닫힌다
원하는 층에서 다시 한번 누른다
스르르 열린다

에스컬레이터 역시 밟고 서기만 하면
가만히 있어도
순식간에
올려주거나 내려다 준다

어제까지만 해도 이런 것들은
원래부터 있는
도시의 경치인 줄로만
알고 있었는데

오늘은
이 시대에 공헌한 바 큰
살기 좋은 세상으로
화려하게 바꾸어놓은

아이큐 높고 추진력 있는
많은 분들에 대하여
존경하는 마음
감사하는 마음이다

마네킹

두 팔 들고
앞뒤로 슬쩍슬쩍
제스처 즐기는 마네킹

지나가던 숙녀가
유심히 보고 있다

구경하는 건 공짜입니다
직접 들어가서 보십시오
앞 트인 옷은
입어 봐도 괜찮습니다

어떻게 알았을까
망설이고 있다는 것을
21세기는 인공지능시대라더니

숙녀, 마네킹 표정
다시 한번 자세히 보고
매장으로 들어간다

아프리카에서 귀화한 휴머니스트
피부 부드럽고 윤기 자르르르
꺽다리 흑갈색 인종이다

눈이 부시다

삼거리미용실 간판 너머에는
사십 대 아가씨 윤 실장이 있다
퍼파마 모자 하나로 피곤을 잠재우고
스트레스 쌓인 여자에게는
스트레이트파마를 권한다

5월이 오면 모녀 유럽 여행을 떠났다느니
효녀 자유롭게 어머니 모시기 위해서
결혼하지 않는다느니
들려오기도 하는 소문

로션 외엔 아무것도 쓰지 않는다는데
항상 촉촉하고 밝은 얼굴
그녀의 손은 금세 손님들을
멋쟁이로 변모시켜놓는 마술사의 손
늘 동동걸음치면서도
입꼬리 살짝 올리고 웃을 때는
그지없이 사랑스럽다

결혼을 한다 하여도
어머니 모실 수 있지 않을까
넌지시 말 걸어보려다가
문득 떠오르는 단어 '자유'
차라리 가만히 있을 수밖에

나의 머리 커트를 끝낸 그녀의 모습은
밤마다 밝혀지는
삼거리 환한 가로등보다
더욱더 눈이 부신다

장돌뱅이

엿장수
울릉도 호박엿
리어카에 가득 싣고
가위춤을 추면서 간다
성큼성큼 걸어간다

5일 용문시장으로 들어섰을 때
조무래기들이 따라간다
삼천 원어치만 주세요
나도 삼천 원어치만 주세요
오따 많이 주는 거다
마수걸이어도 상관없어

언젠가
그의 어머니가 사다 준
달콤 고소하던 엿
반은 덜어놓고 반만 먹어라
다람쥐 눈 끔벅하듯 뚝딱해치우고
덜어놓았던 형의 몫까지
조금 더 축을 내고 있었다

하루 종일
엿을 자르다가 쉬었다가였지만
남김없이 다 팔고 돌아가는 길

중학교 졸업 후 짙은 선하나 그어놓고
가정이란 단어에서 선택한 일
아직은 산기슭 등칡꽃집에서 살고 있지만
사법고시 합격이다
변호사 발령이다
친구들 소식 들려오기도 하였지만
이웃사촌
엿장수 주제에 수묵진채화는
또 왜, 그리고 있는 거여

그러나 후회하지 않는다
떼돈 부자 사무치게 부러워하지도 않는다
나름대로 최선 다하는 걸로 족하니까

휙~익 돌개바람
밀짚모자 빼앗아 가지고 달아난다
자동차 씽씽 도로
우두커니 바라보고 서 있을 뿐

슈퍼마켓 과일코너
붉게 익어가는 천도복숭아
한 상자 싣는다
사랑하는 마누라
수다쟁이 새끼들

찰칵찰칵 찰카닥찰카닥
가위춤을 추면서 간다
조금 느린 템포
늴리리 장단 맞춰
가위춤을 추면서 간다

굴렁쇠

아무도 보는 이 없는
호젓한 길로 간다
넓고 탁 트인 고속도로와는
비유할 수도 없이 아늑한 길이다

어디까지 달리든 굴렁쇠 발자국 소리
간간이 들려오는 산새 들새 소프라노

최대한 속력을 내는데도
안전하게 신나게 달릴 수 있는
편안한 길이다
마음의 동그라미 동그라미 그리면서
달릴 수 있는 그런 길이다

대도시에 빠져 있는 사람들이여
촌으로 오라
500평 정도 텃밭 농사 재미있게 지을 수 있고
비타민 D 사 먹을 필요 없는
조금은 불편한 점 있다 하여도
건강에 최고인 촌으로 오라
깡촌으로 올라오라

신발

뒤돌아보면 수풀 사이로 까마득하게
꿈틀거리는 길이 있다
언덕으로 산기슭으로 푸름 찾아다닐 때
귀여운 송아지 토닥토닥 엄마 따라가는 길

남쪽 바다 노량
이순신 장군 발자취 거룩한 역사 탐방 길
숨어 있는 조그마한 보물찾기 행복한 길
삶이란 무엇인가 퀘스쳔마크
마지막 점 하나에 빠져드는 길

길옆에 놓여있는
모양새 다르고 개성 제각각인 신발이 있다
천천히 가자 권유하는데
못 들은 척 빨리 간다
푹, 발 걸어 넘어뜨리기까지 하는
짓궂은 검정 운동화

한 가닥 끈으로도
적당하게 처리해내는 샌들
언제나 마음 편안하게 대해주는
선량한 양가죽구두
동상 무서워할 줄 아는 자
사랑하고 싶다는 부츠

처음부터 사뭇 맨발로 걸었다면
아직 청춘일지는 모르지만
이만큼이라도 철들게 된 것은
사철 발맞춰 걸어준
너희들이 있었기 때문

누에, 섶에 오를 때에는

꼬물꼬물 꼬물이들
세상 구경하고 있다
배가 고프지나 않을까
뽕도 아기 누에 옆에서 서성거린다

사흘이 지났는데
고개 쳐들고 졸고 있다
가만히 있는 걸 보니 분명 첫잠을 자고 있는가 보다
저리도 귀엽고 우스운 자세로

많이 컸다 싶었는데 어느덧 넉 잠째로구나
이틀을 내리 꼼짝 않고 잠 속에 묻혀 있다
아무도 건드리지 마
아름다운 꿈을 꾸고 있을지도 모른다

무척 대견스러워졌다
지금은 단체로 갉아대기
소나기 오는 소리 같다더니
정말 소나기가 퍼붓는 소리

이번에는 일주일이 지났는데도 졸지 않는다
잠이 확, 달아나 버렸을까
까맣게 잊었을까
뜬눈인 채 섶으로 올라간다

실크 실 뽑아내고 있다
얼키설키 엮어서 기초공사하고 있다
멋진 고치 지어
키워준 은혜 갚을 준비를 하고 있다

어쩌면 저렇게도 의젓할까
철이 다 들었구나
누에, 그 누구보다
한 수 위에 있다

영주역 대합실에서

할아버지
중절모자 할아버지
어쩌면 저렇게도
아버지 같으실까

갓 이발 반백 머리
하얀 한복 옥색 조끼
어쩌면 저렇게도
우리 아버지 같으실까

바람이 이유되어
다투신 적 없댔지만
차라리 늦바람나
어딘가에 가셨다면

언젠가 날 찾아
오시지 않으려나
언젠가 날 부르며
오시지 않으려나

구기자拘杞子

몇 년 전만 하여도 뚱뚱한 몸매
어머니 닮았다 싫어했는데
몇 년 전만 하여도 앞뒤 짱구머리
어머니 닮았다 원망했는데

어머니 이제는 이 몸매
당신 닮았기에 아무렇지 않습니다
어머니 이제는 이 짱구
당신 닮았기에 괜찮습니다

백발이 늘어가도 자연스레 두시고
주름이 늘어가도 어쩌다 로션이나
치매 만나고도 하던 일 놓지 못해
마지막 전날까지 고운 날개 만드시던

어젯밤 꿈속에
아련히 보인
어머니 어머니는
돌담 너머 구기자 따고 있었습니다

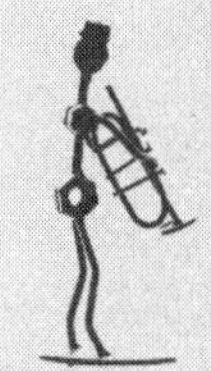

제3부 만강

동녘

동트는 이른 아침
앙상한 나뭇가지에 앉아
재잘거리고 있는 참새 떼
스무 마리도 넘는다

말이 너무 빠르다
통 알아들을 수가 있어야지
하긴 기도도 기도하는 자만이
알고 있으면 되는 것이지

혹시 우리 집 진돌이가
너무 쫓아다니지 않게 해달라는
기도일지도 모른다
암튼 진돌이 주의를 시켜야겠다

통하는 데가 있었던가
하느님 응답이라도 들었단 말인가
나의 생각을 다 알고 있었단 말인가
점점 조용해진다

염색

산새 들새 노래 이따금씩 들려오는
7월로 물들인다

한폭한폭 젖으면서
들여다보면서
미루나무 한 그루 밀고 와 본다
싱그러운 푸르름

동대문시장에서 돌아오는 길
지하철역 의자에 앉아
가방 살짝 열어놓고
누르스름한 자연 그대로의 면 색깔
흐뭇해하던 때는 언제인고

염색을 한 것까지는 그렇다 쳐도
또 왜,
자꾸만 원색에 대하여
돌아보고 있단 말인가
뒤돌아보고 있단 말인가

비둘기

꽃밭에서
트위스트 추고 있던 비둘기
어느새 몇 마리 전깃줄에 앉아있다

조심해라
전봇대에서는 조금씩 떨어져 앉아야 해
거듭 일러주었는데도
못 들은 척 딴청만 피우고 있다

내려다보고 있던 한 마리
고개 갸우뚱
날개도 없는 인간이 무슨 잔소리여

어찌하여 하느님은
인간들에게 날개를 주지 않았을까
날 수 있는 자유까지 덤으로 주었다면
뛰고 날고 기고만장이었을까
오히려 구속이었을까

고로 태초에 하느님께서
인간을 창조하실 적에
너희들의 날개는 너희들 스스로가 해결하여라
명령하심이었을까

푸들

퍼머넌트 웨이브 미녀
유모차 밀고 온다
반짝이는 눈동자 갈색 푸들이다
집까지 잘 모시고 가겠지
믿는 구석이 있다

요즈음 어른들은
유모차에 앉아보기라도 했을까
기억도 없는 어른들이 대부분일 텐데
이놈은 무슨 복으로…
내심 생각했을 뿐이었는데

월월
그런 말씀 하지마세요
옛날이야기는 왜, 끄집어내십니까
그래 알았다 내가 주책이다
미안 월월

웃으면서 손 인사를 건네자
그제서야 다소곳이 앉아서
주인이 계속 밀어주기만을
기다리고 있다

카스텔라여

비단결 고운 모습으로 돌아보지 말라
봄바람에 장단 맞추다가
춤꾼이 된 푸른 밀도
부드러운 가루 되었을 때는
며칠을 못 버티고 수제비가 되기도

푹신한 쿠션
본래의 자태 유지하기란 어려운 일
머지않아 꿈이었음이 깨닫게 될 날 있을 게다
품은 뜻 반드시 이루고야 말겠다는
개성파들만 주저 없이 오라

감미로운 향기 은은하게 풍기는
악취미를 가진 놈
무심한 코 함부로 건드리지 말라
달콤한 것은 대체로 끌리게 되어있는 것
그렇다고 얄밉게 유인해서는 아니 될 일

오묘한 아름다움으로 물드는 단풍보다
더욱더 오묘한 색깔로
물귀신처럼 끌고 가는 너
힐금거리지 말고 곧장 가라
가다가 다시 돌아올 수 없는 길로 들어서라

뻥튀기

옥수수 한 되 갖고 갔는데
몇 배가 넘도록 튀겨 가지고 왔다
부피 늘어났으니
무게 줄어들었겠지

도둑놈의 심보
노름판에서,
땀 흘려 벌어놓은 남의 돈을
가만히 앉아서 거머쥐어 보겠다는
얄팍한 수작
분명 무죄는 아닐 것이다

고로
몽땅 잃고 돌아가는 길
하늘의 의도일지도 모른다
천벌 주느니 털리고 가라

옥수수튀기기
내민 수수료
조금이었는데
펑, 놀란 가슴 대가까지
넉넉히 받은 셈이다

꿈속에서

손수레
큰 항아리만 한
줄무늬수박 한 통 싣고
돌아다니는 남자

어느 억만장자가 너에게
순금 탱자 한 소쿨 준다 만다 하다가
못 주게 되었다고
수박이 말했어

오, 이제 다시
줄 수 있게 되었단다
자꾸만 맴도는 꿈속 그 남자의 말
복권판매소에서
로또복권 이만 원어치를 산다
다섯 줄씩 찍혀있는 번호가 네 장

다음 날
또 다음 날에도
꿈은 나를 끌고 다닌다

만일 일 등에 당첨된다면
바르게 살고 있는 동생 몇 집에
각각 2천만 원씩 나누어주고
나머지는 괜찮은 건물 한 채 계약해야지

토요일 밤 9시 반이 흐르고 있을 때
인터넷 클릭 문의해본다
마지막 아차상 번호까지 색색깔로
일곱 개를 던져놓는다

세 개의 숫자라도
연결되는 것은 하나도 없다
모두가 엇박자
그것들은 눈을 깜박거리면서도
아리송한 표정을 짓고 있다

도깨비방망이

삼성레미안 34평 나와라 뚝딱
현대힐스테이트 34평 나와라 뚝딱
고마워 고마워 OK

돈 1억 나와라 뚝딱
순금 100냥 나와라 뚝딱
고마워 고마워 OK

쌀 한 가마니 나와라 뚝딱
서리태콩 한 가마니 나와라 뚝딱
감사 감사 OK

시사상식사전 나오라 뚝딱
알라딘 신 건강상식사전 나오라 뚝딱
감사 감사 OK

신형 싼타페 MX5 자동차 한 대 나오라 뚝딱
그건 안 해, 그건 안 할래
대한민국에는 자동차가 너무 많아

만강滿江

몇 며칠을 두고 검은 비 내릴 때
온 시내 황톳물 다 휩쓸고 와
턱까지 넘실거리면
알게 모르게 삼켜대지요

도깨비바늘 숲을 지나
남의 등성이
참외 서리해다가 자루 채 부어놓고
둥둥 띄워주는 큰 손 그대여

새끼들
다 떠내려가는 줄도 모르고
옆구리 병나는 줄도 모르고

그 비 그치고
자욱한 안개 기어가고 있을 때
개구리야
다슬기야
불러대지요
목 놓아 울면서 불러대지요

드립커피 머신

시니어 카페 드립커피 머신
오직 참는 것이 편하더라
65년 이상을 어떻게 살았는지도 모르게
바쁘게 살아온 세대들
언제부터인가 그들을 위하여
남극 북극 그 어디에서도 찾아볼 수 없는
이상 체온으로 바꾸었다

자식들 각자 살림 떠나보내고
쓸쓸한 표정으로 찾아오는 어른들
커피향기 더욱 짙게 내리기 위하여
희귀한 저체온으로 둔갑했다
코로나19 팬데믹
두렵지 않을 리 없건마는
라르기시모 피아노 연주곡

너무 빠른 속도로는 느낄 수 없어
무의식적으로도 직감하고 있다
흐르는 연주에 맞춰
느린 속도로
아주 느린 속도로
떨면서 떨면서
뚝뚝

이어지는 영하의 추위에도
가끔은
진실로 인간적인 마음씨 만나는 날 있으니
그들에게 차디찬 갈색 커피
더욱 짙은 향기 풍기는 커피 올리기 위하여

드립커피 머신은
오늘도 벙어리되어
묵묵히 묵묵히 내리고 있다

믹스 커피

사십여 년 전부터
매일 한 잔씩 두 잔씩 혹은 그 이상
믹스커피 어쩔 수가 없다
커피 중독자가 되었다
아침에 눈을 뜨면 은은한 향기
식사가 끝나도 달콤한 향기

꽃집에서
해피트리 화분 하나 골랐을 때
아주머니 왈
커피 한 잔 하고 가세요
잠시 머뭇거리다가 나도 몰래 튀어나온 말
네, 감사합니다

아주머니도 한 잔 드시라 권유
손사래 치면서 하는 말씀
당뇨지수 130이라고
그 정도면 정상이 아닙니까
아니에요 120이 정상이에요
중독자는
330이 넘도록 마시고 있었으니

일주일을 더 마셔대면서
아주머니와 중독자의
차이점에 대한 문제풀기
'아니에요 120이 정상이에요'
그래, 그것이다
정상 수치에 맞추기 위하여 노력하는 쪽과
어쩔 수 없다 체념하는 쪽
바로 그것이 차이점일 뿐이다

꼬리를 질질 끌고 다니던
감미로운 믹스 커피
언제부터인가
꼬리 보이지 않는다
달콤하고 향기로운 독극물
보이지 않게 된 것은
꽃집 아주머니
아주머니가
다시는 나타나지 못하도록
쫓아주었기 때문이다

먹자골목

한식당 메뉴에는
한우불고기가 있고 빙어조림도 있다
중국집에는 자장면 향내
분식집에는 잔치국수 향내

골목은
좁은 길이라는 의미가 내포되어 있기도 하지만
아늑함이 펼쳐지기도 한다

편안하면서도
아늑함을 누릴 수 있는 거리
머무르는 시간 내내
마음까지 푸근해지는 거리

먹자골목에 가면
부모형제 같이 살던 곳
친정에라도 가 있는 느낌이다
대한민국 제1번지 골목이다

포장마차

몇몇 손님들이
허기를 달래고 있는 듯

순대 떡볶이 어묵 계란
이것저것 먹어볼 수 있는 간식이 있고
시원한 막걸리도 있다

친구와 함께라면 더욱 좋았을 텐데…
옛날을 이야기하든 어제를 이야기하든
적당하게 소곤거리기도 하면서

심심할 때 들러도 안 될 것 없고
출출할 때 들러도 만사 딩동댕
언제나 기다려주는 포장마차
그릇마다 가득가득 정이 넘친다

거북산

부풀은
콩꺼풀 렌즈 정품
감정鑑定은 필요 없어
진실로 서울 사랑하는가
너무도 평범한 말씀

큰 바위
기대어본다
돌아보면 아득한 지평선
그토록 편안하던 거북산 시무룩
차라리 훌쩍 영영 굿바이

팽개친
마음 다시 가져와
깨끗한 손수건 얼른 꺼내어
바위 고인 물에 적시어서라도
땀으로 남은 얼룩 닦아야 한다

사랑해
따뜻하던 말
이제는 솔잎에 빗방울 되어 맺혔네
어쩌다 툭, 조금은 간지러워
그러나 그러나…

북녘 하늘

북두칠성, 우리나라 보고 있다
초롱초롱 눈빛 유심히 보고 있다
나지막하게 울림으로 들려오는 말씀
코리아는 예로부터 하늘이 낳은 땅 땅…

청인지 적색인지 분간 못하는 장애자들
머지않아 그들
죽을죄 용서해달라 빌고 들 날 있을 게다
정신 돌아온다면 애국자 될까 모르지만

유엔 결의 위반하고 대공미사일 ICBM 김정은
두 손 높이 쳐들고 항복할 날 있을 게다
죄는 반드시 후회하게 되어있는 것
죄인 줄 모르고 죄짓는 것 아니니까

아담한 모습
똑똑한 코리아여
알 수 없구나 도저히 이해할 수 없구나
그들이 왜 저러고 있는지를

남북통일
무조건적인 통일은 절대 아니다
반드시 자유민주주의 통일이어야 한다
하늘이 반겨주는 통일이어야 한다

견우직녀

사랑에 빠져있는
견우직녀 만나는 날
일 년에 딱 하루
직녀의 아버지가 정해놓은
음력 7월 7일
지금쯤 까막까치 날아들겠지

칼국수 사다놓고
밀전병 다 만들었으니
먼저 노릇노릇 전병을 부치자

다음엔
애호박 양파 송송 썰어 볶아놓고
풋고추 양념간장 장단 맞추고
삶아 헹구기 냉국수에
곁들이기만 하면 된다

오작교공사 완공이 되면
그들
은하수 동서에서 뛰어오겠지
하느님 원망할 틈도 없겠지

강강수월래

비단결 푸른 밤하늘
저 달은 누가 켜놓았습니까

긴 머리 치렁치렁 땋아 내리고
분홍한복 옥색한복 차려입고
선녀들이 오셨습니다

사랑하는 낭군님 병석에 들자
눈물 자국 닦아내던
출이 엄마도 함께 오셨습니다

마음의 배 띄워놓고 노를 저어요
환한 달빛 가져다가
슬쩍슬쩍 가져다가

강강술래로 노를 저어요
멀리멀리 저어요

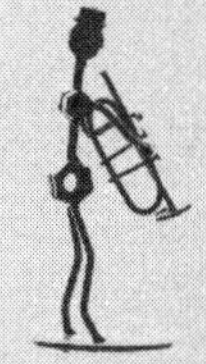

제4부
뒤웅박

바람

바람이 분다
건달바람이 분다

언젠가는
아침이슬 받은
점박이 참나리에 푹 빠져있던
언젠가는
아카시아 꽃잎 떨어지면 떨어지는 대로
멀리멀리 날려 보내고 있던

섭이네 집 창밖에서 삐꿈 들여다보다가
도야네 집 마음대로 들어가
그녀와 나란히 앉아 컴퓨터게임 하던 바람

오늘은
누구네 옥상 빨랫줄
하얀 면수건 하나 훔쳐볼까 하다가 떨어뜨리고 만다
다시 집어 들었는가 싶었는데 결국 던져놓고 간다

뒷산으로 줄달음질치고 있는 건 분명
미래의 희망에 부풀어있는
나무들의 옷자락
어쩌나 슬쩍 흔들어보고 갈 속셈일 게다

기찻길 다북쑥

쌍곡선 레일 자갈 더미
예술의 땅이라며 쿡쿡 웃어댄다
끝없이 넓은 벌 다 팽개치고
스스로 선택한 모난 돌집

간간이 휘몰아치는 바람
쿵덕쿵덕 흔들림 요란스러움
조용한 날 있으리라 믿으면서
애써 평온한 듯 뿌리내린다

무더운 여름
이어지는 가뭄
얼마나 많은 날들의 갈증이었던가
하늘만 쳐다보는 날들이었던가

흙냄새 아득하고
새벽녘이 되어서야 H2O 몇 방울
멋으로 부여잡고 현실에 감사한다
며칠 후 비 내리겠지 먼 하늘

나이테

아무 철이 없었다
알건 다 알고 있다고
오만으로 가득 차 있던 착각
어렴풋이 느끼곤 있었지만

중심에는 노란 타원형
다음엔 초록 파랑 보라
다음엔 갈색 등
뚜렷하게 새겨진 가장자리 한글

도가 넘는 무식함이기에
거기에는 분명 벌칙이란 것이 있다
하늘은 모르는 척
눈감아 줄까 싶을 때도 있었지만

너는 심심할 시간이 없어
항상 바쁘게 살아야만 한다
옥빛 조약돌로 깔려 있는 너의 길
먼지는 일어나지 않을 것이다

왕거미 그물

허공에서 홀로
떨고 있는 그물에게
슬며시 말 걸어볼까
새벽이슬 고운 입술

너와 내가 함께라면
반짝이는 걸작 한 점
남길 수도 있을 텐데…

조용히 햇살 내리고
연못에서 자연 공부 하고 있던
고추잠자리

날씨도 화창한데 잠시 은구슬이라도
만나보고 갈까
버드나무 마른 가지에 앉아
눈망울 굴리고 있다

잠자리
어찌하여 벌써
거미줄 은구슬에게로 갔을까
미쳤구나 미쳤어

에디슨은 가버리고

건전지 플래시 들고 가는 형님
혼자 내빼지 말고 천천히 가십시다
뒤에도 조금씩 비춰주면서
여기는 언덕이니까

아, 이제 됐구나
이만하면 다들 갈 수 있겠구나
우리들은 건전지 플래시 하나에 의지하면서
큰집으로 올라가고 있었다
할아버지 제사 참석하려고

언젠가 개갈가지 흙 뿌리던 산기슭
산짐승인 줄 알면서 다 알면서도
귀신한테 홀린 것만 같았던 산모퉁이
머리카락 쭈뼛 서던 산모퉁이

여럿이 떠들면서 가는 날에는
캄캄한 밤도 무섭지 않았다
건전지 플래시 밝혀 들고 가는 날에는
일행 모두가 환한 길이었다

이황

몸소 설계하여 도산서당 이루니
연, 죽, 국, 매
스스로 찾아 들더라

제자교육 학문연구 여기가 낙원
높은 벼슬 대제학 임금님의 임명은
탁영담 물결 위에 살포시 띄워놓고

돌아보면 손짓하던 토박 친구들
헤어져도 잊지 말자 맹세했던가

금모래 옥돌맹 이황 생각에 잠겨있고
지팡이 왕버들도 그리워 몸부림치네
몸부림치네

텃밭

잔잔한 씨앗 뿌린다
그대 가슴에
허락도 없이 뿌린다
흩어 뿌린다
맨발의 농부가 되어

눈짓 한번 건네 놓고
돌아온 후에
한잠 자고 둘러보니
앞섶 고이 여미우고
입김 불어 싹틔우고

혼자만 바빴노라
투정하는 말도 없다
생색내는 티도 없다
이 정도면 어떠한가
도리어 물어 온다

여름에는 청백으로
잔 빚어 띄워놓고
이듬해 그때쯤에
다시 한번 띄워놓고
아침이슬 몇 방울

다음 해 가을이면
두 팔 벌려 내민다
술은 조금 약소하나
안주만은 넉넉하오
향내에도 공들였소

책, 차마고도茶馬古道를 읽고

- 독후감 시詩

지상에서 가장 높고 험한 길
눈 덮인 고원 갈지 자 비탈길
소금 약초를 팔아야 한다
말과 차茶를 바꾸어야 한다
터벅터벅 말발굽 소리
떨렁이는 말방울 소리
헐떡거리는 말몰이꾼들의 행렬

티베트의 동서 자다와 옌징
소금밭 떠받치고 있는 나무 기둥 닮은
천년을 이어온 여인들의 하얀 심사心事
란창강 유역 소금 우물 깊고 깊어
눈물 섞어 빚어내는 보석 소금
복사꽃 필 무렵에 빚은 것은
복사꽃 소금이라 불러준다네

오랜 옛날 육지와 바다 뒤흔들리고
란창강 유역에 우뚝 솟았으리라는 히말라야
창당고원 북쪽 짜부예차카 옛 호수湖水
굳어있는 소금 야크 뿔로 캐어 야크 등에 싣고
히말라야 넘어오는 네팔인들 만나러 간다
아내와 자식들 그리면서
주고받을 옥수수 그리면서

뭉게구름 너머 신선들
달빛 같은 마음씨
말발굽 자국 웅덩이 바위 길
버리고 떠날 수 없는 땅
붉다 못해 흑장미 빛 지독한 사랑 엮는
지상에서 가장 높고 아름다운 길
차마고도

갯바위

달려온 파도가 흠뻑 뿌리고
따라오던 파도가 흠뻑 뿌리고
또 다른 파도가 와서 뿌리고

자기네들 마음대로 뿌려대도
성가시게 뿌려대도
괜찮은 줄로만 알고 있는가보다
저마다 천하제일
장땡이인 줄로만 알고 있는가 보다

속이 텅텅 비어있는 것처럼 보일까
아무 감각이 없어 보일까

암튼 가만히 있어야 해
바보처럼 가만히 있는 것도 괜찮아
무식하게 보이면 보이는 대로
끝내 침묵을 지키고 있는 것이 편하니까

포물선

정신 바짝 차리고 있어야 한다
식사 적당하게 하면서
수면은 충분히 취하면서

함부로 공을 쳐서는 안 된다
순간 포착을 잘 해야 한다
한 템포 빨라도
한 템포 늦어서도 안 된다

공을 칠 때는
될 수 있는 대로 44도의 각도
그래야만 하늘 높이 날아서
완벽한 포물선을 그릴 수가 있다
이왕이면 타구 속도도
그건 평상시에 하던 대로가 좋아

그렇게만 한다면
멋진 홈런을 날릴 수가 있다
최대한의 비거리를
만들어 낼 수도 있다
암튼 최선을 다해야 한다

진주조개

믿음직스럽게 생긴 것이
마음 씀씀이는 바다를 닮았다
실수로 모래나 자극적인
어떤 물질을 삼켰을 때
속살 아리도록 까끌거릴 때
토하다 토해내다가 결국
스스로 의사가 된다

자신의 외투 안감
최대한 안정적인 물질로
그것을 감싸야겠다고 작정을 한다
한 번으로는 얇디얇게밖에 쌀 수 없다는 걸
알면서 다 알면서도
끝까지 도전해보기로 결심하는 것이다

하다가 보면 그 아린 통증이야
조금 수그러들 수도 있었겠지만
수천 겹이 쌓였는데도 계속 감싸고만 있다

어느 날 문득
어떤 놈은 황금색 어리는 진주를
어떤 놈은 푸른색 어리는 진주를
혹은 실버화이트
또 다른 놈은 무지갯빛 감도는
신비스러운 흑진주를 가지고 있기도 하다

완성이 되었을 때
누군가가 내놓으라고 한다면
그저 케세라세라 놀면서 만든 것이 아니다
오직 인내심 하나만으로
아픈 가슴 눌러 참으면서 참으면서 만들었노라
고하고 난 후에야 건네주기로
굳은 결심하는 것이다

초승달

뒷산 눈매 보담에야 훨씬 더 곱지
점점 더 밝아올 수 있기 때문에
희망이 있기 때문에
쳐다보기만 해도 마음 설레이는 달

그믐달
며칠만 더 있으면 다음 달이 온다
다음 달이 오면 분명 새 초승달 뜰 것이다
초승달이나 그믐달이나 무엇이 다르랴
믿음으로 마음 가라앉혀 주는 달

달은 정직한 선에서 둥글어간다
결국
온 세상 환하게 밝혀주는 보름달
그릴 수가 있다

만일 저 달이 없었다면
어떻게 되었을까
날마다 캄캄한 밤이었을지도 모른다

밤에는 태양의 빛을 받아
지구로 반사시켜 준다는 것
전지전능하신 하느님께서
지구를 위하여
인류를 위하여 보내준
최고의 선물인 것이다

뒤웅박

원만한 생김새에 대자연 색깔
순진하면서도 입이 무겁다
물 맑고 공기 좋은 산기슭에서
풀벌레들 벗을 삼아
흙냄새 맡으면서 자란 놈이다

부려 먹기 편하자고
송곳으로 찔러대고 노끈으로 매달았을 때도
고통을 호소한 적 한 번도 없다
두 눈 꼭 감고
가만히 들이대고 있을 뿐이었다

이런저런 과자 몇 봉지 맡겨놓아도
라면 몇 봉지를 맡겨놓아도 꼬옥 안고 있다
자신이 먹어버린 적은 한 번도 없다
심술을 부린다거나
곰팡이 피워서 내놓는 적도 없다

때로는 수수를 맡겨놓았을 때
녹두를 맡겨놓았을 때도
가만히 안고 있다가 슬그머니 돌려준다

언제나 조용한 편이지만 알 건 다 알고 있다
멋을 알고 예술이 무엇인지도 알고 있다

이해할 수 없는 끔이

부려먹을 줄로만 알았지
네가 하는 일에 대해서는
당연한 줄만 알았지

때로는 다짜고짜 멱살 끌어다가
방을 닦고 거실을 닦고
중화민국에서 침투한
오목한 창틀 미세먼지까지도
깨끗하게 다스려 보라 하였지

지치다 못해 쓰러졌다 느끼면서도
아무렇지도 않게 통 속으로 던져버렸고
그래도 너는 단 한 번 바가지 긁어댄다거나
덤비는 적이 없었어

언제나 나의 곁에서 빙빙 돌고 있는 깔끔이
아무리 생각해도 알 수가 없어
개똥철학에 빠져있는 건 아니겠지요

한강 잠수교

온몸이 찌뿌듯하다 싶으면
구름을 불러댄다
눈치 빠른 구름이 먼저
흠뻑 뿌릴까 살짝 뿌릴까 물어보기도 한다

서울에 비가 많이 오고 적게 오는 것은
순전히 저 한강 잠수교 수작에 달려 있는 것이다
지난여름
그토록 폭우가 쏟아지던 것도 한강 잠수교 때문이다

서울 구름 막무가내로
지방 구름에게 전화질을 해댈 때도 있다
이왕이면 좀 더 많이 뿌리라
명령을 내릴 때도 있다
그들은 의리 또한 남다르다
친구가 뿌리라면 뿌리라는 대로
앞뒤 가리지 않고 마구 뿌려대는 습관이 있다

대형 산사태가 나고
죄 없는 사람들이
귀한 목숨을 빼앗기게 되는 것도
모두 다 저 한강 잠수교 때문이다

서울 인구 940만 명 이상인데
물론 일반 한강교도 여기저기 많이 있긴 하지만
잠수교인들 어찌 허리 펴고 살 날이 있겠는가

지구 온난화 점점 더 심해지고
잠수교 열 받아 체온 상승하고 있을 때
어쩌다 한 번씩은 휴식을 취하면서
시원하게 샤워라도 하고 싶을 때가 있지 않겠는가
애꿎은 잠수교만 원망할 수도 없는 일이다

인사동 거리에는

골목마다 내일의 희망이 타오르고
해야 한다는 의지가 타오르고
타오르는 불꽃 따라 예술도 타오른다

분주하게 걷고 있는 사람들
미래의 길로 들어가는 사람들
발자국 소리에 정신 차리게 되는 거리

하얀 벽돌 백악관에는
서예가나 화가들의 솜씨가
며칠마다 바뀌어 내걸리고

경인미술관에도
문인들의 작품발표회라든가
기타 여러 예술인들의 행사가 열리기도 한다

환쟁이
길가에 돗자리 펼쳐놓고 앉아
그림을 그리고 있다
구경꾼들에게 둘러싸여

상점마다 진열되어 있는 별별 솜씨라
구경을 위하여 구매를 위하여
북적거리는 내외국인들
인사동은 자유의 거리이다

꼭히 주인도 객도 따로 없는 거리
너도나도 함께 어울릴 수 있는 거리
잘난 사람도 못난 사람도 없는
모두가 평등한 거리이다

길벗

친구
친구는 세월 따라 우정이 쌓이지만
서로를 위하여 돈을 벌어야 한다는
책임감은 없는 사이
어깨 무겁도록 짐 지워놓지도 않을 사이

식사라도 함께하면 즐겁고
슬며시 다가와 등이라도 툭, 치게 된다면
반가울 뿐
아프면 병원에 같이 갈 수 있고
때로는 같이 가지 않아도 상관 없고

'길벗'
괜찮은 단어이다
정다운 단어이긴 한데
당신과 나는 우연히 만나
부담 없이 걸어가는 길벗

우리도 이제부터 그냥
길벗이라고 할까

길

참쑥 한 소쿠리 뜯기 위하여
청시青詩 한 편을 읊기 위하여
헤매고 다니는 산 산기슭
때로는 무척 피곤하지만
그래도 가끔 콧노래 불러
최선을 다해 걸어가는 길

작품해설

다양한 동식물과 절경이 존재하는 마음

- 김 순 진 (문학평론가 · 한국문인협회 이사)

작품해설

다양한 동식물과 절경이 존재하는 마음

김 순 진

인간이 동물과 다른 점이 있다면 동물은 자연을 집으로 삼고, 인간은 자연을 친구로 삼는다는 점이다. 인간이 동물과 다른 점이 있다면, 인간은 과거를 스승으로 삼고, 자연은 과거를 생의 발판으로 삼는다는 점이다. 인간이 동물과 다른 점이 있다면, 인간은 변화를 적극적으로 수용하는데 반하여, 자연은 갑작스런 변화에 민감하고, 도태된다는 점이다. 산, 강, 바위, 나무 등의 자연은 그 존재 자체로서 인간에게 큰 영향을 미친다. 그 존재를 매개로 인간은 친구관계를 맺기도 하고 추억을 축적하기도 한다. 그리고 인간은 천재지변으로 인한 자연의 훼손이나 변형에 적응하며 주어진 환경을 개척해 나가는데 이현자 시인의 시는 이러한 점에 관심을 가지고 일련의 작업을 진행해왔다. 그래서 그의 시는 크게 세 가지로 나눠 살펴볼 수 있다.

하나는 '스승이자 친구로서의 자연'이 그것이다. 자

연을 벗어난 인간은 생존에서 멀어진다. 먹을거리가 자연에서 얻어지며, 인간을 치료하는 약이 자연으로부터 얻어진다. 또한 인간이 입을 거리와 집의 재료가 자연으로부터 채취되거나 재생산되는데, 이현자 시인은 자연으로부터 비롯돼 자연과 함께 살아가며, 결국 자연으로 돌아가는 인간의 자연관을 그만의 시각으로 묘사해나간다.

두 번째로 그가 주목해온 것은 '추억은 나를 견디게 하는 힘'이란 소제목으로 펼쳐지는 회상과 미래 사이에서의 고민이다. 우리는 초등학교를 입학하는 1학년부터 초등학교를 졸업하는 6학년까지의 추억을 가지고 평생 살아간다. 그 나이는 생활공동체 가족에서 벗어나 학습공통체 학교에서 처음 친구를 사귀는 시간의 나이이고, 요즘 나이로 7세부터 초등학교 6학년 즉 12세까지 6년의 시간을 가지고 평생을 살아가게 되는데, 얼마만큼 많은 추억을 기억하고 살아가느냐에 따라 성인의 삶 이후 교유관계가 더욱 돈독해지고 삶의 행복도도 높아지게 되는데, 고향과 부모에 대한 특별한 추억을 다른 사람보다 소중히 여기고 있는 이현자 시인의 시에는 그런 추억 축적의 흔적이 시를 구성하고 이끌어가는 힘을 발휘하고 있어, 그런 추억을 같이 공유해온 세대들로 하여금 공감하게 한다.

세 번째로 그가 주목하는 것은 '변화에 적응하는 인간'에 대한 관찰이다. 자연은 우리에게 좋은 친구이자

안식처지만, 우리는 유사 이래로 끊임없이 자연을 훼손해왔다. 그중에 가장 최근 문제시되는 것은 우리가 난방과 교통을 이유로 나무, 연탄, 석유 등 숫자로 헤아릴 수 없을 만큼의 화석연료를 채취해서 사용함으로써, 그것이 오존층을 파괴해 오는 지구온난화현상으로 우리 삶의 환경을 바꾸어놓는다는 일이다. 또 하나는 콜레라, 코로나19, 메르스, 에이즈, 조류독감, 구제역 같은 전염병의 창궐인데 이런 지구환경 훼손과 전염병의 창궐은 인간이 정상적이고 기본적인 삶을 영위하지 않는 데서 오는 병폐이고 이를 극복하기 위한 몸부림을 이현자 시인은 이 시집에서 일정부분 시간을 할애하면서 들여다보고 있다.

그럼 이쯤에서 이현자 시인이 추구하는 시의 방향은 무엇이고, 그 속에 들어있는 중심사상은 무엇이며, 이 시집을 출간하려는 메시지는 무엇인지 그의 시 몇 편을 읽어보면서 들여다보기로 하자.

1. 스승이자 친구로서의 자연

이리저리 꾸불꾸불
꾸부렁길 따라서 여기까지 왔구나
나팔꽃이여

돌담집 새카맣게 그을린 소녀

돌에 슥슥 날을 지워 유리조각 하나로
갈색 태양 만들며 신선되어 놀았지

나비는 꽃이 되어 햇빛은 나비가 되어
조금이라도 더 놀다가고 싶은데
바람은 살랑 불어 희롱하고 있구나

내 안에서 불어오는 나머지 바람
화살표처럼 뚜렷하게 알게 된 오후
자존심 안으로 밀어 넣고 무슨 생각에

내년 초여름 동천東天 밝아올 때
트럼펫 불어보소
한 옥타브 낮추어 조용조용히

-「보랏빛 트럼펫」 전문

이현자 시인이 말하는 '보랏빛 트럼펫'은 보랏빛 나팔꽃이다. 나팔꽃은 밤에는 꽃잎을 접었다가 아침이면 활짝 피어나기 때문에 서양에서는 모닝글로리(Morning Glory)라고 불렀다. 나팔꽃의 꽃말은 '기쁜 소식, 결속, 허무한 사랑'이라고 한다. '기쁜 소식'이라는 꽃말은 나팔의 외양으로 해석된 1차적 이미지다. 그리고 '결속'이란 꽃말은 나팔꽃 줄기가 울타리며 곡식 등 이곳저곳을 타오르기 때문에 생긴 말일 것 같다. 그리고 '허무한 사랑'이라는 꽃말은 아마도 입으로만 겉치레하는 사랑을 비꼰 말이 아닐까 생각한다. 립서비스가 너무 좋은 사람은 경계해야 한다. 그런 사람은 필시 목적을 가지고 접근하는 것이 틀림 없다. 그렇지만 나팔꽃이 좋은 이미지로만 보이지 않는다. 꽃으로만 보면 더 없이 예쁘지만, 밭농사를 짓는 사람들에게는 바랭이나 환삼덩굴처럼 뽑아도 뽑아도 나는 잡초에 불과하다. 이현자 시인이 이 시집의 제목으로 쓴 것처럼 나팔꽃은 마치 트럼펫 모양을 하고 있다. 그래서 순우리말인 나팔꽃으로 불리게 된 것이다. 나팔은 신호를 말해준다. 군부대에서는 예로부터 나팔수를 훈련시켜 인원 통제 및 부대 운용 수단으로 사용해왔다. 군부대가 많은 곳에서 자란 나는 아침저녁으로 하루에 다섯 번의 나팔 소리를 들어야 했다. 오전 6시의 기상나팔을 시작으로 오전 9시의 일과 시작 나팔, 12시의 점심식사 시간 나팔, 그리고 오후 5시의 일과 끝 시간 나팔, 그리고 저녁 10시의 취침시간 나팔 소리가 그것이다. 보라색은 만인의 색깔이다. 사랑의 색이며 정렬의 색이다. 빨간색과 파란색을 섞으면 나오는 보라색은 장엄하고 호화스러운 색이다. 옛날 고대의 왕들은 황금색보다 보라색을 더 선호하기도 했다. 슈펭글러(Spengler, Ostwald)에 의하면, "보라는 빨강이 파랑에게 압도당한 색으로 더 이상 성숙하지 못하는 여인과 같고, 또한 독신 생활을 하는 성직자와도 같다. 보라의 상징적 효과는 고독, 우아함, 화려함, 추함의 다양한 느낌, 신앙심과 예술적인 영감을 준다. 특히 붉은색이

많이 있는 보라는 화려함과 여성적인 느낌을 준다."고 했다. 최근 전라남도 신안군에 퍼플섬이란 섬이 생겨서 많은 관광객을 불러 모으고 있다. 나팔꽃이 보라색만 있는 것은 아니다. 자색 나팔꽃도 있고 흰 나팔꽃도 있으며 유사한 꽃인 연분홍색의 메꽃도, 바닷가에 나는 진분홍색의 갯메꽃 나팔꽃 모양을 하고 있다. 그중에 보랏빛 나팔꽃은 민들레와 같이 번식력이 가장 강해서, 우리나라 방방곡곡에 자생하고 있으며 세계 어디를 가도 만날 수 있다. 이현자 시인의 이 시집 『보랏빛 트럼펫』이 나팔꽃의 기상으로 수많은 독자를 만났으면 좋겠다.

뒷산 눈매 보담에야 훨씬 더 곱지
점점 더 밝아올 수 있기 때문에
희망이 있기 때문에
쳐다보기만 해도 마음 설레이는 달

그믐달
며칠만 더 있으면 다음 달이 온다
다음 달이 오면 분명 새 초승달 뜰 것이다
초승달이나 그믐달이나 무엇이 다르랴
믿음으로 마음 가라앉혀 주는 달

달은 정직한 선에서 둥글어간다
결국
온 세상 환하게 밝혀주는 보름달
그릴 수가 있다

만일 저 달이 없었다면
어떻게 되었을까
날마다 캄캄한 밤이었을지도 모른다

밤에는 태양의 빛을 받아
지구로 반사시켜준다는 것
전지전능하신 하느님께서
지구를 위하여
인류를 위하여 보내준
최고의 선물인 것이다

-「초승달」 전문

달에는 많은 종류가 있다. 만월, 즉 보름달, 반달, 그믐달, 초승달 같이 달의 크기에 따른 종류뿐만 아니라, 정월대보름이나 추석 같은 절기에 뜨는 달도 있고,, 수퍼문 같이 그 크기가 엄청 크게 뜨는 달이나, 한 달에 보름달이 두 번 뜨는 블루문도 있다. 블러드 문은 개기일식을 할 때 달의 색깔이 붉은색으로 보일 때를 말하며, 달이 하나도 안 보이는 날을 삭(朔)이라고 하는데 이는 매월 초하루를 일컫는 말이다. 시의 힘은 대단하다. 우리나라 최초의 동요라 일컬어지는 윤극영 선생의 「반달」을 통해 우리는 '달 속에 계수나무가 박혀있고 토끼가 방아를 찧고 있다'는 상상 속에서 살게 되었다. 사람들은 달을 좋아한다. 칠흑 같은 어둠 속에서 빛나는 달은 우리에게 한 줄기 희망과 같다. 아랍 사람들은 특별히 초승달에 의미를 두어 자국의 국기에 달을 그려 넣기도 했다. 이현자 시인이 그려낸 초승달을 사람들은 흔히 눈썹달이라고도 한다. 그 생김새가 눈썹처럼 생겼기 때문이다. 어찌 보면 윤극영 선생이 말씀한 '쪽배' 같기도 하고, 어찌 보면 바나나 같기도 한 달이 초승달이다. 달이 안 뜨면 보고 싶고, 떠도 애틋하고, 뜨고도 흐리면 서운하고, 떠서 너무 밝으면 싱숭생숭하고, 말 좀 붙이려면 구름 속에 숨고, 말 안 붙이고 바라만 봐도 그립고, 오래도록 떠 있으면 어서 날이 밝았으면 좋겠고, 밝으려 하면 일할 생각에 겁이 나고, 무관심 하려 해도 나만 쳐다보는 것 같고, 사랑하고 싶은데 제 집에 간다고 하고, 누워 있으면 생각나고, 나가서 바라보고 있자니 청승맞고, 늦게 뜨면 어둠침침해 열 받고, 일찍 뜨면 괜히 술이나 먹고 싶은 게 달을 대하는 사람들의 여러 가지 마음이다. 이현자 시인의 시에서 초승달은 "믿음으로 마음 가라앉혀 주는 달"이라 했다. 가히 시인다운 생각이다. 이현자 시인은 모든 것을 다시 시작하는 마음으로 달을 대한다. 그러면서 그는 "달은 정직한 선에서 둥글어간다"고 말한다. 달은 아주 정직하게 그 범위를 넓혀가는 것이다. 세모나 네모가 되지 않고, 뾰족하거나 부스러짐 없이 "아주 정직한 선에서 둥그러"가는 달에게서 우리는 자신의 본분이 어떤 것인지를 깨닫는다.

2. 추억은 나를 견디게 하는 힘

경부선 무궁화호
다가서면 형제라도 만난 듯
반가운 기분
객실 걸이 못
가방 걸어주고 외투까지 받아준다
의자에 앉는다
절로 눈이 감긴다

조치원 조치원역입니다
커튼을 젖히고 건너다본다

대전을 통과할 때
다시 커튼을 젖힌다
친구들은 다들 잘 살고 있겠지

사랑하면 찾아가는 것
그리우면 만나는 것
조금 빠르게 간다고 뭐가 그리 좋을 것이며
조금 느리게 간다고 뭐가 그리 아니 될 것 있겠는가
느림의 미학에 대하여 꿰뚫고 있는 무궁화호는
나의 이상형이다

쾌청한 하늘
태양이 저만큼에서 내려다보고 있다
우리들의 발걸음에 맞춰
천천히 천천히 따라오고 있다

-「열차 무궁화호」 전문

누구나 열차에 대한 추억 한두 가지는 가지고 있는 것이 열차 여행에 관한 추억이다. 밤 열차를 타고 천안을 지날 때면 아저씨가 '호두과자….'라고 아주 굵고 낮은 저음의 목소리로 지나며 호두과자를 판다. 그리고 열차는 다시 달려서 대전역에서 한 번 쉬게 되는데 "이번 역에서는 15분간 정차하겠습니다."라는 목소리의 안내방송이 나오는데, 사람들은 모두들 내려서 구내에 있는 가락국수 한 그릇씩을 '후르륵' 들이켜고 다시 열차에 오른다. 부산까지 여섯 시간 정도 걸리던 열차 여행에 있어 가락국수 한 그릇은 든든한 요기가 된다. 게다가 이따금 지나가는 이동식 카트에는 캔맥주며 오징어, 땅콩과 카스테라, 삶은 계란 등의 주전부리 음식을 팔기도 했다. 가끔 주말이면 대학생들이 MT를 떠나는지 단체로 타서 기타를 치며 노래하는 팀도 있었고, 생면부지의 남녀가 우연히 마주 앉아서 이야기하다 사랑이 피어나 결혼에 골인한 커플도 많았던 무궁화호 열차다. 언젠가 서울역을 통해 지방에 갈 일이 있어 매표창구에서 표를 사는데 전방에서 휴가 나온 한 사병이 국방카드가 작동되지 않아 난감해하고 있었다. 나는 슬쩍 창구로 다가가 '그 푯값 제가 낼게요.'라며 표를 사주었다. 그 사병은 나에게 고맙다고 연신 인사하며 '전화번호를 주시면 고향에 돌아가 부모님께 말해서 갚아 드리겠습니다.'라고 말했다. 나는 그때 "자네도 내 아들이야. 자네 덕에 내가 다리 뻗고 잘 자고 있잖아."라며 내 목적지로 향하는 열차를 향해 총총히 자리를 뜬 적이 있다. 사랑은 속도가 아니라 베픔이고 찾아가는 것이다. 이현자 시인은 사람의 인연을 잇는 척도가 빨리 가고 늦게 가는데, 초점을 맞추는 것이 아니라 "사랑하면 찾아가는 것 / 그리우면 만나는 것"으로 단정 짓는다. 그렇다. 내가 먼저 찾아가는 것이 사랑이다. 그 만남을 이어주는 열차가 무궁화호 열차였다. 지금 이현자 시인은 이 시집을 통해 무궁화호 열차 같은 마음으로 그동안 자신을 사랑해준 가족들과 지인들, 그리고 독자를 향해 찾아가 있는 것이다.

옥수수 한 되 갖고 갔는데
몇 배가 넘도록 튀겨 가지고 왔다
부피 늘어났으니
무게 줄어들었겠지

도둑놈의 심보
노름판에서,
땀 흘려 벌어놓은 남의 돈을
가만히 앉아서 거머쥐어 보겠다는
얄팍한 수작
분명 무죄는 아닐 것이다

고로
몽땅 잃고 돌아가는 길
하늘의 의도일지도 모른다

천벌 주느니 털리고 가라

옥수수튀기기
내민 수수료
조금이었는데
펑, 놀란 가슴 대가까지
넉넉히 받은 셈이다

-「뻥튀기」 전문

내가 태어나고 자란 곳은 경기도 포천시 이동면이다. 산이 많고 상대적으로 논이 적은 곳이다. 어릴 적 우리 집은 옥수수를 많이 심었다. 화전이라 해서 산에 불을 질러 나무뿌리를 캐내고 밭을 일구는 형식이었다. 아버지는 농사짓는 것을 천직으로 아셨다. 자주 농업의 수확량을 비교해가며 나에게 가르치셨다. 옥수수 한 알을 심으면 세 개의 옥수수를 따낼 수 있는데 각자 14줄 내외에 한 줄에 35알 정도 열린다면 어림잡아도 500알 정도가 열리는데 3개가 열리니까 옥수수를 잘 돌봐 경작한다면 1,500알 정도를 수확할 수 있다. 1:1,500이라니, 정말 놀라운 수확량이다. 참깨나 벼 같은 경우에는 그 숫자를 더욱 뛰어넘는다. 그런 확실한 상업적 가치가 있는 것이 농사인데 왜 농사를 짓지 않겠느냐는 것이 아버지의 반문이셨다. 설날이나 추석 밑이면 우리 집 마당에는 뻥튀기장사 아저씨가 찾아와 며칠씩 뻥튀기를 튀기셨다. 뻥이요 소리와 함께 뻥튀기가 튀겨지면, 철망 사이로 쏟아져 나온 뻥튀기를 주워 먹으려고 아이들은 벌떼처럼 덤벼들기도 했다. 어릴 적 우리는 수수께끼 문제를 내곤 했는데 "먹다가 굶어 죽는 게 뭐게?"라는 수수께끼였다. 물론 답은 '뻥튀기'다. 뜻은 뻥튀기는 아무리 먹어도 배가 부르지 않다는 뜻이다. 사람들은 뻥튀기를 꿈꾼다. 고작 1천 원짜리 한 장으로 살 수 있는 로또복권에 당첨되어 갑부가 되고 싶은 것은 모든 사람의 꿈이다. 일확천금을 꿈꾸는 사람도 너무나 많다. 슬롯머신, 투전판, 화투판, 경마, 경정, 소싸움 같은 소시민의 돈을 우려내는 시설이 너무 많다. 그리고 프리미어리그나 분데스리가, 라리가 같은 축구 경기가 대박을 친 것도 돈을 거는 관중이 있기 때문이다. 요즘 젊은이들은 증권에 마음이 쏠려있다. 학생들이 빚을 내서 증권에 투자해 신용불량자가 된 사람도 하나둘이 아니다. 증권은 기관투자가, 즉 기업들이 개미들, 즉 일반 서민들의 돈을 우려먹는 방법인데 우매한 백성들은 그걸 모르고 열심히 벌어서 한 아가리에 털어 붓고 빈털터리가 된다. 이현자 시인은 이 시에서 투기를 경계한다. 열심히 벌어서 아끼고 저축하면서 살면 살만한 세상인데, 그렇게 언제 버느냐며 조금 있는 돈까지 투기로 날리는 것을 경계하는 것이다. 옥수수 뻥튀기라는 추억을 거울삼아 일확천금을 꿈꾸는 사람들에 대한 경종을 울리는 것이다.

3. 변화에 적응하는 인간

지하철 6호선 객실 임산부석
40대 초반쯤 되어 보이는
조금은 덩치 큰 사내
삐딱하게 등 기대고 앉아있다
민무늬 회색 마름모꼴 마스크

마누라, 다이어트하다가 빼빼로 되고
대신 아기를 가졌다고
6개월 정도밖엔 되지 않았다고
일행인 듯한 남자와 나누고 있는 이야기

훑어보지 말라우
부릅뜬 눈으로 소리칠 것만 같은 예감
움찔 맞은편에 쭈그리고 앉아있는 나는
흔들거리는 손잡이만 응시하고 있다

그들, 공덕역에서 내리자
나는 왜 CCTV 찾고 있는가
후미진 곳 어디에선가
'21세기 남자의 임신'
유심히 보고 있었을 것만 같은

- 「CCTV」 전문

이제 우리는 CCTV라는 감시에서 벗어날 수 없다. 국민의 안전을 위해 설치했다지만, 이제 21세기를 살아가는 인간들은 그 어느 곳에서도 자유로울 수 없다. 인간은 변화의 동물이다. 인간처럼 변화에 잘 적응하는 동물은 없다. 자기가 태어나고 자란 동네가 어느 곳인지와 상관없이 주거지를 떠나 북극에 가서도 살 수 있고 적도에 가서도 살 수 있는 것이 인간이다. 내가 자란 곳에서 다른 나라로 이주하면 두 가지 문제가 발생한다. 하나는 음식이 다르다는 것이고, 또 다른 하나는 기온이 다르다는 것이다. 사계의 온도 차이가 뚜렷한 우리나라에서 살아온 사람들이 후자의 문제에 적응하는 것은 문제될 것이 없다. 그렇다면 음식인데, 음식은 요즘 세계가 한류열풍이라 하여 한식이 세계화되었기에 그 또한 적응하는데 큰 문제점이 발생하지 않는다. 문제는 IT기술 발전에 따른 소외감이다. 공장에서 로봇 등의 IT기술에 직장을 잃고 노동자들이 백수로 전락하여 하릴없이 산과 공원, 낚시터를 배회하는 사람이 한둘이 아니다. 이제 거의 완성단계에 있는 자율주행차량이 인간을 더욱 무능하고 무료하게 만든다. 아마도 도덕성의 잣대로 통제하지 않는다면, 인간에게 채취된 정자와 난자를 수정시키면 애 낳는 기계가 곧 만들어질 것 같다. 이현자 시인의 말처럼 남자가 임신하는 것도 도덕성의 잣대를 대지 않는다면 시간문제다. 게다가 AI가 바둑의 천재 이세돌 9단을 이기고 시, 소설을 쓴단다. 시인과 작가의 자리마저 위태롭다. 스마트폰에 번역기 어플을 업로드하면 어느 나라 말이든 금방 통역해 준다. 내 손안에 있는 스마트폰은 우리를 너무 편리하게 해주었지만, 편리함보다는 인간이 AI에 밀려나서 무얼 할 수 있을까 걱정스럽기도 하다. 도둑이나 소매치기를 잡고 성추행범을 잡아주는 CCTV가 있어서 안전하고 좋지만, 큰 잘못을 저지르지 않고 사는데도, 늘 감시당하고 사는 데서 오는 이 기분 나쁨과 불안함은 어떻게 해결해야 하는 것일까?

시니어 카페 드립커피 머신
오직 참는 것이 편하더라
65년 이상을 어떻게 살았는지도 모르게
바쁘게 살아온 세대들
언제부터인가 그들을 위하여
남극 북극 그 어디에서도 찾아볼 수 없는
이상 체온으로 바꾸었다

자식들 각자 살림 떠나보내고
쓸쓸한 표정으로 찾아오는 어른들
커피향기 더욱 짙게 내리기 위하여
희귀한 저체온으로 둔갑했다
코로나19 팬데믹
두렵지 않을 리 없건마는
라르기시모 피아노 연주곡

너무 빠른 속도로는 느낄 수 없어
무의식적으로도 직감하고 있다

흐르는 연주에 맞춰
느린 속도로
아주 느린 속도로
떨면서 떨면서
뚝뚝

이어지는 영하의 추위에도
가끔은
진실로 인간적인 마음씨 만나는 날 있으니
그들에게 차디찬 갈색 커피
더욱 짙은 향기 풍기는 커피 올리기 위하여

드립커피 머신은
오늘도 벙어리 되어
묵묵히 내리고 있다

- 「드립커피 머신」 전문

외국인들이 우리에게 가장 놀라고 부러워하는 것이 있다면 '빨리빨리 문화'다. 우리나라처럼 인터넷이 잘 되는 나라는 없다고 한다. 한때 자장면 배달 기사가 5분 안에 자장면을 배달해주어 신문 지상에 크게 오르내리며 교수가 되었다는 기사를 읽은 적이 있다. 요즘 한 인터넷 주문업체는 밤 12시 전에 주문을 완료하면 새벽에 문 앞에 주문한 상품을 가져다 놓는다. 가히 혁명적이다. 어떻게 그렇게 빠를 수 있을까 가히 혀가 내둘려진다. 필요한 시간에 배달해주어 고맙긴 하지만, 나는 그런 사회적 시스템에 반대한다. 하루 이틀 늦으면 어떤가? 필요한 시간에 맞춰서 조금 미리 주문하면 될 것이 아닌가? 왜 한창 잠자야 할 젊은이들을 잠재우지 않고 밤새 일을 시키는가? 그들은 사랑해야 한다. 그래야 출산율도 올라가고 사회도 안정된다. 그런데 상업적 이유로 젊은이들에게 돈벌이를 강요하면서 잠을 착취한다. 라면과 햄버거, 피자와 통닭으로 대표되는 패스트푸드 음식은 사람의 건강에 불균형을 초래한다. 햄버거와 콜라를 마시며 길거리를 걸어가고 있는 엉덩이가 산만한 팽이 모양의 신체를 가진 미국의 여성들을 보면서 신기해하며 걱정하기도 했다. 이제 그런 일이 남의 일이 아니다. 우리 청소년들에 그 전철을 밟아가고 있는 것이다. 운동은 하지 않고 걷는 것조차 싫어 하면서 그저 방에 틀어박혀 햄버거와 피자, 라면과 콜라를 들고 게임에 몰두하고 있는 우리 젊은이들에게 그런 현상이 비껴갈 리 없다. 요즘 젊은이들이 짓는 시詩만 해도 그렇다. 나태주 시인은 그의 시 「풀꽃」에서 "자세히 보아야 예쁘다 / 오래 보아야 사랑스럽다 / 너도 그렇다"라고 했다. 그런데 요즘 시인들은 자세히 보는 것을 포기한다. 오래 보는 것은 정말 싫어한다. 그냥 즉흥적으로 겉만 본다. 그리고 벚꽃이 팝콘처럼 생겼다고 말한다. 저 벚꽃이 얼마나 오랜 밤들을 곁눈질하며 별을 동경했는지, 어둡고 무서운 땅속에서 뿌리 손가락을 뻗어 그 여리고 아름다운 분홍의 색깔을 그러모았는지 생각지 않고, 겉모양만 바라본다. 그러나 이현자 시인은 다르다. 오래도록 천천히 '드립커피 머신'을 관찰한다. 이토게이찌의 8단계 이론처럼, '드립커피 머신'이 하는 일과 그 커피를 마시는 사람과 '드립커피 머신'의 인간을 안정시키고, 화합시키는 사상까지 바라본다. 빨라서 좋겠지만, 늦어도 손해나는 것 없다. 서울역에서 ktx를 타면 2시간 반 만에 부산에 도달할 수 있겠지만, 차를 몰고 굽이굽이 돌아가면 힘은 들어도 자연과 풍광, 사람 사는 모습을 만날 수 있어 좋다. 이현자 시인이 꿈꾸는 "라르기시모 피아노 연주곡", 폭넓게 천천히 연주하는 삶이 내가 본 이현자 시인의 삶인 것 같다.

이상에서처럼 이현자 시인의 시 몇 수를 주마간산격으로 읽어보면서 그의 숲은 어느 계절을 맞이하고 있고, 그의 숲에는 어떤 것들이 있는지 들여다보았다. 지금 이현자 시인이 이 시집을 내는 계절은 봄이지만 그가 추구하는 계절은 여름이었다. 그의 첫 시집이 꽃을 피우는 시집이었다면, 이 시집은 마음을 무성하게 하는 여름이라 말하고 싶다. 그의 마음 숲에는 다양한 동식물이 자라고 있고, 다양한 형태의 계곡과 산등성이, 절경과 벼랑이 존재하고 있다.

이현자 시인의 시적 계절은 여름이다. 인간성 회복이라는 명제에 대해 숲을 형성한다. 빽빽한 밀림 사이로 마음의 새소리 물소리 들린다. 이현자 시인의 시는 사과나무였다. 병충해나 벌레가 덤벼들기 쉬운 달콤한 육즙을 함유하기 위해 끊임없이 햇살을 정제해 안으로 축척하면서 독자들의 구미를 돋우고 있다. 이현자 시인의 식탁은 호숫가에 위치한 분위기 좋은 카페에 있고, 그는 커피 한 잔에 빠게트빵을 찍어 먹으며 물안개를 바라보고 있다. 그의 마음 호수에는 물오리 노닐고 잠자리가 비행한다.

이처럼 결 고운 시집을 우리 도서출판 문학공원에서 상재하게 돼 너무나 기쁘다. 두 번째 시집을 진심으로 축하드린다.

이현자 제2시집

보랏빛 트럼펫

초판발행일 2024년 4월 20일

지은이 : 이현자
펴낸곳 : 도서출판 문학공원
발행인 : 김순진
편집장 : 전하라
디자인 : 김초롱
등　록 : 2004년 3월 9일 제6-706호
주　소 : (우편번호 03382)서울 은평구 통일로 633
녹번오피스텔 501동 302호 스토리문학사
전　화 : 02-2234-1666
팩　스 : 02-2236-1666
홈페이지 : https://blog.naver.com/ksj5562
이메일 : 4615562@hanmail.net

※ 이 책은 한국예술인복지재단의 지원으로 제작되었습니다.
※ 잘못된 책은 교환해 드립니다.
※ 책값은 뒤표지에 있습니다.